Martin Szegedi

HANDWERK

HANDWERK

Martin Szegedi

Bibliografische Information der Deutschen
Nationalbibliothek: Die Deutsche Nationalbibliothek
verzeichnet diese Publikation in der Deutschen
Nationalbibliografie; detaillierte bibliografische Daten sind im
Internet über dnb.dnb.de abrufbar.

Herstellung und Verlag : BoD – Books on Demand,
Norderstedt

ISBN: 978-3-7583-7565-1

Für Klaus Müller*

*Mein ehemaliger Elektromeister

Inhalt

GESTE

Wenn's möglich ist was Gutes tun,
denn es fehlt an allen Ecken,
so braucht man sich beim Ruh'n
eben nicht verstecken.

Nicht mal vor sich selbst –
auch wenn Wertschätzung zerrinnt.
Wird nachher etwas gebremst
dann nur vor dem nächsten Sprint.

Immer in Bereitschaft bleiben
für eine schöne Geste,
die kann wohl Sorgen vertreiben,
wär' sie auch eine modeste.

Und die Welt verändern,
wenigstens für einen Augenblick,
denn sie ist voll bis zu den Rändern
mit Suchenden nach Ruh' und Glück.

TEILEN

Wie auch immer man ihn anpeilt,
ist endgültig der Erfolg
am schönsten dann wenn man ihn teilt –
das weiß schon selbst das Volk.

Und das nicht nur allein im Sport,
sondern in allen Bereichen,
auch wenn sich nicht jeder Rekord
mit einem andern lässt vergleichen.

Wichtig ist und bleibt der Sieg
mit seinen Konsequenzen.
Nicht immer kann man publik,
auch noch umwerfend glänzen.

Drum einmal ganz vorne steh'n
um den Ruhm zu entdecken,
dabei nach Mitstreitern sich umdreh'n,
fair die Hand ihnen ausstrecken.

INEFFIZIENZ

Nun gehör' ich zu den Alten
und kann immer noch das Wasser,
aber den MUND nicht halten,
als Gedichte Verfasser.

Zu so einer Inkontinenz
verleitet die Demokratie,
denn da braucht man irgendwie
fürs Labern keine Lizenz.

Auch wenn man's macht mit Niveau
kann man selten davon leben,
lieber dann in einem Büro
von Anfang nach oben streben.

Obwohl ich von überall hör'
das Sägen an den Stühlen:
Fairness gibt zu wenig her
will man Großes erzielen.

KINDHEITSERINNERUNG

Kein Optiker ändert mehr was dran,
glänze er auch in seinem Fach:
manches seh' ich am besten dann,

wenn ich die Augen zumach'!

OBSOLETISMUS

Früher hat man Sachen erworben
um sie Jahrzehnte zu GE-brauchen.
Diese Gewohnheit ist ausgestorben,
weil uns der Wohlstand hat verdorben:
heut' kauft man um zu VER-brauchen.

Das ist keine Bagatelle,
auch wenn's um Arbeitsplätze geht.
Denn manche noch inoffizielle,
eingebaute Sollbruchstelle
macht die Waren obsolet.

Sie halten nicht mehr länger
als Garantie drauf ist.
Wird es auf Erden auch enger,
der Mensch bleibt ein Draufgänger,
der jede Vernunft vermisst.

Lieber häuft er an Milliarden,
es reichen nicht Millionen.
Wobei heut' wär' zu erwarten,
einen neuen Trend zu starten,
um die Erde zu schonen.

NEUES VORBILD

Der Zustand unserer Welt
stimmt mich nicht unbedingt heiter,
auch wenn's mir nicht an Daten fehlt,
bleib' ich zuversichtlich weiter.

Wenn wir uns nicht der Natur anpassen,
vielleicht passt SIE sich uns an,
nur soll man sich nicht drauf verlassen
und sie schonen so gut man kann.

Die Technik hat sie schon verdammt,
nun folgen andere Zeiten,
in denen man sie nachahmt –
und SO versucht fortzuschreiten!

DER MENSCHENKENNER

für Klaus

Dies ist eine Art
seltsam verspätete
Ode
an meinen ehemaligen Elektromeister.
Er wird sie fast
für ordnungswidrig halten.

Ein 125prozentiger Fachmann
und ein 125prozentiger Mensch.
Was auch immer für ein Fehler
mancher von uns
gemacht hatte,
schimpfte er nie.
Es reichte, dass er diesem,
      mit zusammen gepressten Lippen,
einmal tief
in die Augen schaute.
Dann ließ er ihn kochen
im eigenen Saft
des schlechten Gewissens.
(Dank dieser Behandlung,
glaube ich,
dass auch ich selbst
      für den Rest meines Lebens
gar
bleiben werde!)
Nach einer Zeit,
während der die Gewissensbisse
den Betroffenen bearbeitet hatten,
kam er auf diesen zu,
taktvoll,

mit einem passenden,
heiteren Wort,
als wär' nichts gescheh'n.

Ja,
mein ehemaliger Elektromeister.
Ein 125prozentiger Fachmann
und ein 125prozentiger Mensch.
Von anderen hochprozentigen
flüssigen Sachen
hielt er nichts.
Klaus
gab den Taler
lieber für was andres
aus.
Nicht immer,
aber immer öfter,
sah er sich gezwungen
nachzuhaken,
Ordnung
in uns reinzubringen,
bis es ihm
dann an einem guten Tag
zu viel wurde

und er wechselte
zum Kranken
haus.
Und seitdem
bin ich mir sicher,
dass dieses in seinem Bereich
zu 125 Prozent
wieder gesund ist!

2004

MOMENTAUFNAHME

Den Menschen kann man erkennen
heute wohl an seinem Haufen
Angst, er würde das Leben verpennen,
könnt' er sich nicht manches kaufen.

Denn es wird doch immer größer,
das Angebot in seiner Vielfalt,
und die Qualität AUCH besser –
man schreitet vorwärts ohne Halt.

Nur wird alles ständig teurer,
weil Energie nicht billig ist.
Von dem her würden Erneurer
von Fach gebraucht, welche mit List

den Knoten lösen, irgendwie.
Man tüftelt ja ohne zu ruh'n,
bloß steckt manche Technologie
eben noch in Kinderschuh'n.

STUTTGART 21

Sogar die Schwaben
wollen ihre Pyramiden haben.

Sie sind AUCH teils
von symbolischem Wert
und mit Opfern verbunden.
Nur bauen sie sie umgekehrt:

statt in die Höh' – nach unten!

BEURTEILUNG

Der Mangel treibt uns in die Enge,
vom zu vielen Kleiderwaschen
werden stets kleiner unsre Taschen –
sie passen sich an, an die Geldmenge

von der wir zehren im Alter.
Wenn die Börsenkurse schwanken,
sind wir wohl doch Fahrzeughalter
und müssen einkaufen und tanken.

Aber noch ist die Lage besser
als die Stimmung in Deutschland,
Gefühl ist kein guter Wohlstandsmesser –
das liegt eben auf der Hand.

Denn es ist arg subjektiv
und übersieht das Detail, den Fakt.
Es schätzt halt nicht ausreichend tief
und bleibt daher inexakt.

Statistiken dagegen handeln
mit Zahlen, Balken, Diagrammen.
Doch kann man nicht alles umwandeln
in Daten, was im All hat einen Namen.

Soll man auch auf sie verzichten
in dieser so unsteten Welt?
Wenn fast jedes Urteil sie entstellt,
woran könnt' man sich dann richten?

IM WAHN

(fünf Jahre litt ich an einer Psychose)

Eine „höhere Instanz", die faktisch
den Geheimdienst repräsentierte,
vermittelte mir mal telepathisch
etwas, das mich brüskierte

und sich „anhörte" abstrus:
„DU darfst keine Gedichte schreiben,
für das braucht man 'nen Hochschulabschluss.
Drum lass es lieber bleiben.

Du bist nicht mehr in Rumänien hier,
bei den Kommunisten.
Sondern im Land – merke es dir –
der EXPERTEN UND SPEZIALISTEN!

Und noch etwas, so nebenher:
du hast keinen Schließmuskelriss
sondern KREBS und der heilt nicht mehr,
das ist wohl gewiss.

Du wirst elendig zugrund geh'n
und deine großen Beschwerden
werden die Deinen kaum aussteh'n,
ihnen zur Belastung werden."

So hab' ich mich im Haus 'rumgeguckt
und trank ein Liter Rostlöser.
Es hätte enden können viel böser –
nur war's ein umweltfreundliches Produkt.

ENTSCHLUSS MIT NEBENWIRKUNGEN

Ich nahm Teil am Leben
schon immer außer Konkurrenz,
besaß hierfür keine Lizenz –
es hatte sich so ergeben.

Hab' keinen Platz je angestrebt
auf einem Podium irgendwo,
doch auch nicht nur grade so
sinnlos vor mich hin gelebt.

Hatte schon ganz früh ein Ziel
entschlossen ins Aug' gefasst,
an das ich mir hab' angepasst
im Detail den Lebensstil.

Ich nahm mir vor von Anfang an,
außer MIR niemanden zwar
zu opfern auf diesem Altar –
doch unterwegs halt, irgendwann,

musst' ich meinen Liebsten weh tun
indem ich sie wohl wollte schützen.
Und ohne ihr reges Unterstützen
würd' ich heut' unter der Erd' ruh'n.

PLASTIKMÜLL

In 'nem System wo man ohne Strafe,
versucht den Müll billig loszuwerden,
gibt es trotz Kontrollbehörden
immer schwarze Schafe.

Das Paradoxe (man wird nicht klüger):
wird für's Recycling das Geld aufgestockt,
umso mehr Betrüger
werden damit angelockt.

Verpackungsmüll wird sortiert,
doch statt ihn zu recyclen optimal,
wird er schlichtweg illegal
ins Ausland exportiert.

Wo er dann wie über Nacht
und ohne jeden Einwand
in Betonwerken wird verbrannt –
Müll hat manchen zum Millionär gemacht!

Nur im Kampf um Marktanteile
der großen Konzerne,
aus der Nähe und der Ferne,
verliert stets die Umwelt mittlerweile!

KONKURRENZ

Manche reden was sie wissen,
ich weiß was ich hab' zu reden.
Hätte den Stift längst hingeschmissen,
erreichte ich nicht einen jeden

womit ich vorhabe zu schreiben,
das ich umsichtig gestalte,
bedacht zugänglich zu bleiben,
wie immer ich mich auch entfalte.

Denn es zeigt sich Konkurrenz
am schriftstellerischen Horizont:
die künstliche Intelligenz
meldet sich auch an der Front.

Noch gibt's keine Hysterie,
doch man fragt sich dezidiert
nicht mehr OB sondern WIE
sie die Welt verändern wird!

DIE EHE

für Maggie und Sepp

Sie braucht der Liebe Einmaleins
und ist immer noch irgendwie,
die ultimative Utopie
des menschlichen Zusammenseins.

Fand mal Eintritt in die Welt
als patriarchale Erfindung
eine gefestigte Verbindung,
für's ganze Leben aufgestellt.

Früher war lange die Frau
ihres Mannes Eigentum,
dann ging man mit ihr anders um.
So weiß niemand mehr genau

wer heut' die Oberhand noch hat
im gemeinsamen Zuhaus.
Hauptsache man kommt gut aus
und ist sich dafür nicht zu schad'.

Die Ehe ist kein ruhig Hafen
sondern zum Teil offenes Meer,
da tobt auch stürmischer Verkehr,
nicht nur beim Miteinander-Schlafen.

Doch muss man verheiratet sein?
Echt gute Beziehungen
bei passenden Bemühungen,
gibt's auch ohne Trauschein!

CASINO

TV- Bericht

Durch Spekulationslust wächst fortan
auf den Finanzmärkten der Welt,
stets auf's Neue – wie bestellt –
ein Krisenpotenzial heran.

Das über lang oder auch kurz
sich selbst verstärkt, ohne Einteilung:
es dominiert statt der Selbstheilung,
ein selbstzerstörerischer Absturz.

Auf den man unabwendbar zugeht.
Doch manche wollen es nicht glauben
und spielen die Blinden und die Tauben –
bis es mal wieder ist zu spät!

ABGEMAHNT

für Greta Thunberg

Wie man es wendet und dreht:
niemand nützt die große Vielfalt
der Stoffe, aus der die Erd' besteht,
so grundlegend wie der Mensch halt.

Er kombiniert sie mit Bravour,
um andre Sachen herzustellen,
die es nicht gibt in der Natur
oder in anderen Quellen.

Doch bei diesem Vorgang
werden manche Stoffe frei ,
deren Auswirkung am Anfang
man nicht kannte im Detail.

Nun müssen Enkel uns ermahnen
Verantwortung zu übernehmen.
Wir, die Reif'ren, sollten uns schämen
und Rettendes nach dem Planen

umsetzen. Nicht IRGENDWANN,
sondern sofort, gleich jetzt und hier –
wir Menschen sind immer noch das Tier,
das auch Probleme lösen kann!

SYNDROM

In mancher Krisenzeit
tendieren viele zu bestätigen
ihre Tierbarmherzigkeit,

indem sie Hamsterkäufe tätigen!

VITAMINMANGEL

Was mir könnt' helfen aufzutauchen
aus meiner Provinz-Anonymität:
ich würde – bevor es ist zu spät –
'ne Dosis Vitamin „B" brauchen.

Auch wenn's nicht gilt für allesamt,
ohne passende Beziehungen
sind auch manch' große Bemühungen
zum Scheitern verdammt!

2020

BÜROKRATIEWUST

Man muss hin zum schlankeren Staat,
denn in allen Berufen, kreuz und quer,
geht's MEHR mit Papierkram einher,
als dem was man gelernt hat.

Was ist das für eine Welt?
Auch Bauern müssen aufpassen und wachen,
nicht mehr Fehler
am SCHREIBTISCH zu machen,
als eigentlich auf dem Feld!

Sowas ist schlicht verkehrt
und gehört demnach beherzt
schnellstens eben ausgemerzt,
denn es hat doch keinen Wert.

Schließlich ist nichts so gut,
dass man's nicht noch verbessern könnte,
was immer man auch lässt und tut –
von der Lehre bis zur Rente!

„HANF GEHÖRT ZUM KAMPF!"

TV- Bericht

Das nachhaltige Bau'n mit Gewähr
hat begonnen. Wie noch nie
MIT der Natur statt wie bisher
meistens OHNE sie.

Findige Entwickler enthronen
alte Baustoffe und entdecken
neue, die Ressourcen schonen
und die Umwelt nicht verdrecken.

Neben Holz kommt jetzt auch Hanf
auf Baustellen zum Einsatz.
Für Kiffer gehörte er zum Kampf,
für Weber war er ein Goldschatz.

Man setzte ihn ein mit Kalkül,
für Lebensmittel, Schönheitspflege,
die Reste entsorgte man als Müll –
doch geht man heut' andere Wege:

es wird ihnen Kalk untergerührt
und daraus dann wohl bedacht
eine Art Ziegel produziert,
die 'ne Dämmung überflüssig macht.

Und die Feuchtigkeit aufsaugt,
was man sich gerne macht zunutz,
überhaupt weil sie auch taugt
als Baumaterial für Schallschutz.

Was dazu ins Auge fällt
ist auch des Erfinders Stolz:
Hanf wächst im Schnitt auf dieser Welt
fünfzig Mal schneller als Holz!

POETIK UND ELEKTRIK

(nicht nur für Eingeweihte)

In dem Begriff „Elektrik" ist
phonetisch das Wort „Trick" enthalten,
denn nur mit fachmänischer List
kann man Maschinen beschalten.

So eine Art Schaltung
gleicht der Struktur eines Gedichts,
bei ihrer Gestaltung
geht wohl ohne Logik nichts.

Daher die logische Funktion
„und" sowie auch die „oder",
wer von Fach ist und kein Kommoder
kennt die anderen auch schon.

Das Ganze muss sich fügen
einer inneren Notwendigkeit
dem Zwecke zu genügen,
in seiner Besonderheit.

Ein Gedicht ist eine Steuerung
von Worten auf 'ne Botschaft hin,
und bringt oft eine Erneuerung
mit sich – an Sinn.

FACHKRÄFTEMANGEL

Wo chronisch Arbeitskräfte fehlen,
gleicht das aus der Andern Tüchtigkeit?
Doch auch das wär' in vielen Fällen
nur für eine gewisse Zeit

ohne gesundheitlichen Folgen
für das Personal wohl machbar.
Schon längst sah man dunkle Wolken
aufziehen auf dem Radar.

Mentale Gesundheit halt
war zu lange ein Tabu,
arbeitsbedingt bei Jung und Alt
nehmen psychische Leiden zu.

Verdoppelt hat sich ihre Zahl
in den letzten Jahren:
man hat fast keine andre Wahl,
will man seinen Status bewahren.

Doch Betroff'ne suchen eher
heut' ärztliche Hilfe und Begleiter,
arbeitend nicht mehr wie Blindgeher
bis zum Zusammenbruch weiter –

ignorierend die Karriereleiter!

UMGEKEHRT

(angelehnt an J. K. Galbraith)

Man könnte glauben,
wir hätten uns schön herausgeputzt,
würde man nicht eines Besseren belehrt.
Früher wurde
der Mensch vom MENSCHEN ausgenutzt,

heut' ist es genau umgekehrt!

GROSSBRAND

TV-Bericht

Die Vielfalt des Lebens
ist ein unermesslicher Schatz,
doch vernichten wir ihn zusehends
und dafür gibt's keinen Ersatz.

Da sterben viele Arten aus,
als würden Bücherbände aufgeh'n
in Flammen bevor wir sie einseh'n,
um was zu lernen daraus.

Denn die Natur ist doch eben
die größte Bibliothek der Welt,
die unserm eignen Überleben
nützen könnte, wie bestellt!

OHNE RÜCKSICHT

Flüsse sind auch Umweltschänder.
Sie transportieren ohne Schwere,
wie extralange Förderbänder
das Mikroplastik in die Meere.

So werden diese zu Müllkippen
für unseren globalen Dreck,
den kann man nicht wegschippen
wie den Schnee vom Seitenweg.

Man wird ihn nicht so einfach los,
drum müsste man sich entscheiden,
ihn ohne Rücksicht rigoros
von vornherein zu vermeiden!

STÄRKE

Durch der Zukunft hohe Fenster
seh' ich schon Folgendes eben
unser Schicksal erhellen:
Solarzellen waren gestern,
bald wird's 'ne Art Blätter geben,
die Wasserstoff herstellen!

Das ist eigentlich durchaus,
der reinste Energieträger
den es je gab überhaupt:
da kommt am Auspuff Wasser raus,
bei Autos oder Düsenjäger –
was man doch kaum glaubt.

Pflanzen sind Chemiekraftwerke,
nur dank der Photosynthese
hat die Erd' leben gelernt.
Der Fortschritt ist unsere Stärke,
bloß hat er uns trotz seiner Größe
bislang von der Natur entfernt!

DIFFAMIERUNGSVERSUCH

Heutige soziale Medien
sind des Öftern Schallverstärker,
die fast bis hin zu Tragödien
hinausposaunen den Ärger,

hervorgerufen ordinär
von manch' wilder Diskussion,
bei der man wohl spektakulär
sich vergriffen hat im Ton.

Zum Beispiel: Ökodiktatur
nennt man gern die Politik,
die eben zum Schutz der Natur
Verteuerungen hat im Blick

wie auch manches Verbot.
Es findet der Oberen Phantasie,
kein andres Mittel irgendwie,
uns zu retten aus der Not.

DAS 21. JAHRHUNDERT

Nehmt euch in Acht, Leute!
Nie gab's mehr Schein
als Sein

wie heute!

SKRUPELLOS

Auf des Kapitalismus Weg
sind menschliche Beziehungen
trotz einigen Bemühungen,
bloß Mittel und kein Zweck.

Die meisten werden nicht verschont
weil man es manchen vereinfacht:
wer Geschäfte auf Anderer Kosten macht,
wird von unserem System belohnt.

Was dieses sich nimmt als Ziel,
ist nicht nur das MEHR,
sondern geseh'n vom Vorgeh'n her
sogar das ZUVIEL.

So ist auch Überproduktion
dauerhaft in Mode,
eine bewährte Methode
für Wareninflation.

Wie jedes Übertreiben,
ohne Übereinkunft,
hat sowas keinen Sinn –
man macht nur Notwendiges hin.
Doch sollte für die Zukunft
davon noch was übrigbleiben!

DER FALL „DAGOBERT"

Wie es aussieht im Ganzen
bestimmt nicht nur die Politik:
die Medien machen die Musik,
zu DER soll man tanzen.

Sie konkurieren mit dem Recht,
stärker als die Moral,
treffen sie für uns die Wahl
über das was gut ist oder schlecht.

So dass samt seinen Behörden
der Staat da steht immer schwächer:
man kann sogar vom Verbrecher
heute zum Volkshelden werden!

Doch wer erpresst und Bomben legt,
ist bei weitem kein Idol.
Sondern jemand den man soll,
trotz seinem schlauen Intellekt,

hart bestrafen – damit es abschreckt!

SELTSAME PILZSORTE

TV-Bericht

Angesichts knapper Rohstoffe
ist Nachhaltigkeit gefragt,
bevor wir – wenn auch vertagt –
landen in der Katastrophe.

Forschende erfanden
neuartiges Baumaterial,
das dauerhaft ist vorhanden
und sich auch eignet optimal

als Substitut für Styropor,
um Häuser zu isolieren.
Da kommt die Pilzzucht uns zuvor,
man muss nur recherchieren

an einem Pilz aus Abfällen:
zum Beispiel Stroh oder Olivenkerne,
aus dem man kann Blöcke erstellen
für Baufirmen oder Konzerne.

Das Material lässt sich in jede
beliebige Formen pressen,
ist hochresistent und nicht spröde,
vergleichbar dem Sperrholz indessen.

Dabei ist's auch noch feuerfest,
leicht und wiederverwendbar sogar.
Dazu wohl das Allerbest':
es ist biologisch abbaubar!

KOMMISSIONSPRÄSIDENTIN

Man muss immerhin zugeben:
sie vertritt die EU gut in der Welt.
Aber eigentlich Geld

von DER Leyen – nie im Leben!

WENN MAN IM BERUF AUFGEHT

für Familie Holz

Als wir ankamen nach Deutschland
nach einer strapaziösen Hatz,
beheimatete ich mich ohne Einwand
am schnellsten am Arbeitsplatz.

Drum gehe ich auch jetzt durchaus
als Rentner gern in den Betrieb,
als kehrte ich nach Haus –
ich gewann die Firma lieb

schon von allem Anfang an,
fühl' mich ihr bis heut' verbunden:
mein Job hatte es mir angetan,
als hätt' man ihn für mich erfunden!

WAHLDILEMMA

Gibt es viele politische Parteien
zeugt das von Desorientierung.
Wohin soll man sich einreihen
um zu wählen die Regierung?

Denn die Konfusion ist groß,
nur schwer kann man sich entscheiden:
erst schließt man aus erbarmungslos,
die welche man nicht kann leiden.

Dann schaut man sich an den Rest,
was DER bietet in der Tat,
stellend überraschend fest,
dass man nur die Wahl noch hat

zwischen Cholera und Pest!

IM UNGEWISSEN

Ein algorithmisches System
kann auf Dauer aufspüren,
manche Verbrechen, bequem,
bevor sie eigentlich passieren.

Unter Personen, die auffallen,
kann es nach Gefährdern suchen.
Drum sollte man es nicht verfluchen,
es könnte eben nützen allen

und vermeiden manches Unglück.
Bloß gibt es doch auch ein Problem:
beim Suchen hat so ein System
einen gewissen Tunnelblick.

Es analysiert logisch zwar
alle verfügbaren Details,
nur was es nicht „fühlt und weiß":
es ÜBERSCHÄTZT die Gefahr!

Im Risiko-Management
können folglich heute
unschuldige Leute
verurteilt werden am End'.

So eine Diskriminierung
kann man überhaupt nicht ahnden,
wie auch nicht ihre Herbeiführung,
durch die welche KI erfanden.

Das wird uns in Zukunft vergällen,
es ist nicht nur ein Gerücht:
ein Algorithmus kann man nicht
einfach vor Gerichte stellen!

BILLIGLÖHNER

Sage noch einer, wir wären nicht frei
und würden Fortschritte machen
nur so, als ob!
Früher hatte mancher gar keinen Job –

heut' hat er zwei oder drei!

UMWEG

Ich spreche heute nicht gern von gestern,
lieber dann von morgen,
verhangen von Zukunftssorgen
sind der Menschheit Fenster.

Man kann kaum noch durch sie schauen,
es versperrt unseren Blick
die Angst wir könnten uns verbauen
den kürzesten Weg zum Glück.

Und müssten dann Umwege geh'n,
diese könnten lange dauern.
Wenn wir dann am Ziel
nicht mehr aufrecht können steh'n,
wer soll uns bedauern?

Denn so war es seit alter Zeit,
als der Mensch begann zu suchen:
meistens ist das Glück nicht weit –
wie das Sahnehäubchen auf Kuchen!

POLITISCHE OHNMACHT

Kommt die Gesellschaft aus dem Takt,
und Arbeitslose Läden stürmen
mit Steinen, Flaschen, Regenschirmen,
ist nicht bloß der Staat gefragt,
sondern auch die Chefs von Firrmen.

Man sieht es erst mit viel Geduld,
beim Einkaufen oder Tanken,
wenn Preise geraten ins Schwanken,
tragen nicht nur Parteien die Schuld,
sondern die Börse und die Banken.

Dann hat man's auch so weit gebracht,
dass man Politik – trotz Wahl –
heute immer wieder mal
nicht mehr im Parlament macht,
sondern im Gerichtssaal!

So muss ich nun doch, als schlichter
Bürger, Folgendes erfragen:
wer wählt die Chefs in unsren Tagen,
die Börsianer, Bänker, Richter,
die Vieles stets haben zu sagen?

AUF DEN PUNKT GEBRACHT

Schnell wird nichts auf den Mist gekippt,
sondern merke es dir: behalte
in aller Ruh' das Alte,
solang es Neues noch nicht gibt!

Das Abschalten der Kernkraftwerke
bei schwacher
Wind- und Solarstromvernetzung
war und ist eine Fehleinschätzung

und kein Beweis von Stärke!

2022

ALS OB

In unserer Zeit
braucht man's nicht zu begründen:
der Faule sucht Arbeit ,

in der Hoffnung keine zu finden!

HANDWERK

Da werden Rechnungen
für allerhand Schmuggelwaren
und andere krumme Dinge
bezahlt
unter der Hand,
und manche halten sich
die Hand vor dem Mund
und gähnen.
Wie soll ich mir die Hand
noch vor den Augen sehen?

Es gibt immer noch nicht genug
Hände.
Dieses Jahrhundert ist eine Ausgabe
letzter Hand,
von Gott signiert
mit zitterndem Ruder
auf Sand.

Wer soll dem Dichter
den Füller
aus der Hand nehmen?
Die Tinte aus ihm ist schon längst
alle,
aber er kritzelt so seit Jahren
weiter
immer begeisterter
von der Perfektion
der weißen Seiten,
die so gut zu seinen weißen
Handschuh'n passen,
mit denen er den Lesern,

die schwarzsehend
an Runden Tischen sitzen,
die Antarktis
in einem Eisbecher serviert.

Und diese halten sich alle an den Händen,
wenn die Zigeunerin
einem anderen
aus der Hand liest.
„Zusammen sind wir stark",
wiederholen sie immer
wieder
und übertönen das Orakel,
das ihnen aus dem Kaffeesatz
schon bekannt war.
Aber sie halten sich gegenseitig
fest an den Händen,
sie wollen das Glück
nicht aus der Hand geben.
Jeder ist bereit
jedem aus der Hand zu fressen,
obwohl mancher endlos
etwas
hinter der vorgehaltenen Hand
murmelt,
bis er erschöpft
sich den Kopf in die Hände stützt,
und die Handlanger
des Weißen Freitags,
          die schwarz mit Schnee
handeln,
vor Freude in die Hände klatschen.
Der Dichter, mit seinen weißen
Handschuh'n,
drückt ihnen sein Buch

mit weißen Seiten in die Hände:
„Hier! Hier stand schon längst
auch diese Erschöpfung drin.
Aber ihr habt schon lange
kein Buch mehr
in die Hände genommen,
sonst hättet ihr euch diese Freude
ersparen können, diese Anstrengung!"

Von langer Hand ließen sie sich
bloßstellen,
von der langen Hand der Evolution,
die nach ihrer Hand
sich ausstreckte
und diese immer mickriger,
immer kleiner wurde,
bis sie implodierte
und weiße Blutkörperchen
auf die Wände des Schwarzmarktes
spritzten.

Händeringend
standen die Rettungssanitäter
da,
in ihren hellen Kitteln,
sich kaum abhebend
von dem Weißen
der Seiten aus dem
ins-Unendliche-geschriebenen Buch.
„Wir müssen da was machen,
sagten sie,
sonst nimmt uns keiner mehr wahr.
Das Nichts streckt die Hand nach uns."
So ließen sie sich
rote Anzüge mit Neonstreifen

entwerfen
und schon tat sich was
auf der Großen Weißen Leinwand,
die im Winter in den Schnee hinein
mündet
und im Frühling
sich durch die Blüten der Kirschbäume
bis ins Weiße der Wolken hinausdehnt.

Schon kam wieder Leben hinein
in den verwaisten Raum.
Etwas Rotes wurde leichterhand
von den Kameras
auf's Weiße übertragen,
allen wurde eine Fernbedienung
in die Hand gedrückt,
man konnte
während der Operation
an der Hand der Handlanger,
hin und her schalten,
vom blendenden Weiß der Westen,
hin,
ins schmutzige Weiß
und umgekehrt.

Und die Statisten in den Studios
spuckten sich in die Hände,
rollten die hochgekrempelten
Ärmel
ihrer weißen Hemden runter
und knöpften sie zu
mit weißen Manschettenknöpfen.
Alle im Mund
mit einer schneeballweißen Rose
stimmten sie im Chor ein:

„ganz in weiß
mit einem Schneeglöckchenstrauß."

Mit erhobenen Händen
standen die Zuschauer auf
aus dem Komfort
ihrer Sesseln,
richteten sich auf
mit erhobenen Händen
von den Wohnzimmercouchen
und streichelten sich gegenseitig
mit der Hand über's Haar:
„es ist alles halb so schlimm,
stammelten sie,
die EINSCHLAFQUOTEN
beweisen es.
Jedem bleibt es doch freigestellt,
das Drehbuch seines Schicksals
von Hand umzuschreiben,
hier
zwischen den eigenen vier Wänden,
wo die Fenster Bildschirme sind
auf denen
die vier Jahreszeiten
live übertragen werden."

Der auf den Küchenfenstersims
fallende
Reif
macht grad Werbung
für den Winter.
„ - Jetzt ja nur nicht das Fenster
aufmachen, Schatz!"
Sagt der am Spülbecken
beschäftigte Mann.

(Zu wem denn?)
„Sonst bricht noch die Realität
in unser Haus ein.
Dieser massive Eisberg,
von dem man nur die Spitze sieht.
Diese Spitze die gegen unsere Tür
drückt
und drückt.“

Aber wer soll die Hand
über uns alle halten?
Von wo so viele Hände?
Und von wo so viel Selbstlosigkeit
zeitgenössischer Götter?
Wenn ein jeder für sich selbst sorgt,
braucht man nicht
an seinen NÄCHSTEN zu denken.
Wenn ein jeder sich selbst liebt,
braucht man nicht
den Nächsten zu lieben.
Er macht es selber
und kennt das schon
aus der Pubertät,
wo Handarbeit angesagt ist.
Man darf ihm nur nicht die Hände
binden,
auch wenn er zwei linke hat.
Er kriegt das schon hin,
das was wir alle hinzukriegen
haben.
(Dafür sind wir auch alle bereit
unsere Asbesthand
ins Feuer zu legen.)
Und nicht nur dass er es hinkriegt.
Es wird Hand und Fuß haben.

Warum sollten wir also
die Hände
über dem Kopf zusammenschlagen?
Oder warum auch nicht?
Wenn wir das alle
in einem gewissen Rhythmus machen,
hört es sich nach Applaus an!

Aber NEIN,
ich meine es NICHT so.
Und das war nicht der einzige Schuss
über das Ziel hinaus.
Sondern einer von mehreren.
Ich bitte innigst um Vergebung
die Leser, die Rettungssanitäter,
die Statisten,
und Regiesseure aus den Studios,
die Fersehzuschauer,
den Mann am Spülbecken
und seine unsichtbare Frau,
und vor allem meinen und unseren
NÄCHSTEN.
Ich hab' mich bloß hinein ziehen lassen
ins Irre,
von einem rein stilistischen Sog.
Das ist die Gefahr,
die eigentliche Gefahr,
der wir uns alle aussetzen
indem wir nicht mehr innehalten,
sondern allein
aus einer stilistischen Konsequenz,
für ewig so weitermachen,
so weiterleben möchten
wie wir grad leben
und gelebt haben.

Stil darf sich nicht verselbstständigen.
Denn wenn man hin
und wieder
den Rausch, in den er uns versetzt,
unterbricht
und wir ihn unter die Lupe nehmen,
das ist auch ein Stil.
DAS IST DER STIL DER STILE!

(2001)

IRRTUM

Wann kommen wir denn endlich raus,
aus diesem Unsicheren ins Helle?
Das hält man heute kaum noch aus:
man ist nur noch eine Kostenstelle!

Was gegen uns ist macht uns stark,
doch in diesem Fall gilt's nicht:
das dringt bis ins Knochenmark,
sorgt dass man zusammenbricht.

Die meisten möchten halten Maß,
begehren nicht auf, weit und breit.
Was nicht erlaubt ist, das macht Spaß –
doch wie viele geh'n schon so weit?

Solches hält man für entbehrlich,
dafür auf Feinstaub gut aufpassen!
Neuerdings ist es gefährlich
selbst beim Atmen auf den Straßen!

Früher war man auch nicht schlauer,
doch lehnt sich die Allgemeinheit
heut' aus dem Fenster viel zu weit –
GEMEINSAM irrt man sich genauer!

DER ABGASSKANDAL

(angelehnt an den Volksmund)

Wer glaubt er käme ohne Tricks zu kurz,
macht oft was Schlimmeres draus.
Erfolg ist manchmal wie der Furz:

erzwingt man ihn, kommt Scheiße raus!

2016

UMDENKEN

Geht es uns auch auf die Nerven:
es ist Zeit uns umzupolen.
Wir müssen weg vom Wegwerfen
und in den Kreislauf zurückholen

was brauchbar ist noch irgendwie.
Hört auf etwas zu funktionieren,
nach abgelauf'ner Garantie,
kann man es oft reparieren.

Das wäre wohl, wenn man so will,
eigentlich ein kleiner Schritt
in 'ne Zukunft mit weniger Müll –
nur muss man anfangen damit!

MEINEN RETTERN

für Fa. „holac" und Dolores

Meiner Firma und Dir zum Dank,
weil man mich nicht hat aufgegeben,
schafft' ich es, schwer seelisch krank,
und allem zum Trotz, zu überleben.

Das war behutsames Handeln,
was mir halt ermöglicht hat,
'ne schlimme Niederlage glatt
in einen Sieg zu verwandeln.

Denn es ist schon längst bekannt,
passend hierfür wie bestellt:
wer einem andern reicht die Hand
rettend sein Leben – rettet die Welt!

ERWEITERTER TRINKSPRUCH

Eine Grappa
für den Papa,
eine Rama
für die Mama.
Eine Butter
für die Schwiegermutter,
Europa
für den Opa
und die Oma...

schicken wir nach Oklahoma!

KOMMUNIKATION

So muss man doch mit Altem brechen:
neuestens hat man entdeckt,
in Ozeanen, Seen, Bächen,
dass auch Fische können sprechen –

und zwar... im Dialekt!

KONTROLLE

So seltsam ist die Welt,
auch wenn es nicht führt zum Erfolg:
es scheint, dass manches Volk
immer noch nicht den Frieden aushält.

Bei uns wird er gut verwaltet,
doch auch das muss zügig geh'n,
Geduld hat man nicht lange –
auch nicht um ewig 'rumzusteh'n
in der Schlange!

Das erfüllt uns mit Unbehagen,
es wird uns um das Herz nicht warm.
Man weiß:
auch der Frieden geht durch den Magen,
denn das Hirn wird kontrolliert vom Darm!

WAHL

Im dschungelhaften Jetzt und Hier,
öffentlich oder privat,
ist der Mensch wie ein Wildtier,
das weiter jagd auch wenn's ist satt.

Wir sind ständig am Anhaufen
und kriegen den Hals nicht voll,
nur wenn wir uns viel kaufen,
finden wir es richtig toll.

Auch wenn man dafür arg muss schwitzen,
braucht man manches unbedingt,
bloß aus dem Drang, es zu besitzen
und nicht, weil es uns weiterbringt.

In unserem Sammlerrevier,
wo wir getrimmt sind auf Vorrat,
bleibt, ach, der Mensch immer noch Tier!
Aber eins, das die Wahl hat

zwischen Maßhalten und Gier.

KRITIK AN DER KRITIK

Auf Dauer ist das doch nicht nett:
stell fest, dass ich an der Politik
auch meistens negative Kritik
übe – wie üblich im Kabarett.

Man zieht über ein Makel her
und lässt nicht mehr los von ihm,
wär' es auch noch so legitim,
lästern zu können ist nicht schwer.

Man bringt sogar die Leut' zum Lachen,
wen man's auf die Spitze treibt.
Die Frage, die aber offen bleibt,
ist: wie kann man es besser machen?

IDEOLOGIEFOLGEN

(dem Volksmund nach)

Bei manchen hängt auch
das Essen und die Verdauung
nicht am allgemeinen Brauch

sondern an ihrer Weltanschauung!

VERTUSCHUNG

Es regnet,
wieder um die Spuren
einer Untat zu verwischen.
Von Gott gesegnet,
lebt es sich nur noch in Nischen.

Und wenn es schneit,
dann nur um etwas zu vertuschen –
der Schnee deckt manches ab.
Die Menschheit hat für nichts mehr Zeit
nur um sich die Zukunft zu verpfuschen,

schaufelnd sich dabei ihr eignes Grab!

NEUE SORGEN

TV-Bericht

Sie macht sich breit in Büroräumen,
doch auch wenn sie mal wird können
sogar Farbe zu bekennen,
wird sie es nicht schaffen zu träumen!

Man traut ihr zu, so weit zu reifen,
dass sie in einem Wettbewerb,
der tobt auf Gedeih und Verderb,
richtig Partei kann ergreifen.

Und manchem Personal halt helfen,
noch mehr den Gewinn zu steigern.
Wem könnte sie sich wohl verweigern?
Wird sie AUCH heulen mit den Wölfen?

Es sieht nicht aus nach einem Flirt –
drum sorgen wir zeitig dafür,
wenn wir der KI öffnen die Tür,
dass sie nicht zu unserm KO wird!

2022

VERSORGUNGSLÜCKE

Deutschland würde sich gerne
entbürokratisier'n, ganz klar.
Nur liegt das in der Ferne:

es fehlt das Antragsformular!

PROFITWAHN

Stets musste das Leben überall
auf neue Umstände reagieren,
'ne Unzahl von Insekten und Tieren
zieht kreuz und quer über den Erdball.

Wie passt das ins Ökosystem
an dem jeweiligen Ort?
Wer leben muss mal hier, mal dort,
hat's in der Regel nicht bequem.

Evolution bedeutet wandern,
der Grund warum Tiere das tun:
Hunger und Durst. Man kann nicht ruh'n,
sondern muss zieh'n mit den andern.

Hin wo man die Not kann stillen
und noch einmal davon kommt,
auch wenn der Mensch manches umformt,
mit seinem Beherrschungswillen

über die Natur. Was man gezielt
selbst aus dem All heut' sieht:
wie die Jagd nach mehr Profit,
verändert des Planeten Bild.

Wir Menschen gestalten
in 'nem zu großen Maß die Erd',
so ist ihre Zukunft vermehrt,
verknüpft mit unserem Verhalten.

AUFTRITT

Fast an jedem Straßeneck,
ja sogar zuhause,
hat man heut' das Privileg,
sich fortzubilden ohne Pause.

Man muss es doch nur WOLLEN,
denn viele sind sich selbst genug,
zufrieden mit ihren Rollen –
man gibt sich nicht noch einen Ruck.

Um über sich hinaus zu ragen
und etwas Neues anzustreben.
Das sollte man aber doch wagen,
denn nochmal wird es uns nicht geben.

Wir sind alle ein Unikat,
tretend auf in dieser Welt
ein jeder in seinem Format –
bis letztlich der Vorhang fällt!

STOLPERSTEIN

Jeden Tag sind Mütter am Gebären,
aber nicht jeden Tag
kommt ein Dichter zur Welt.
Drum sollte man sein Werk
nicht unter den Teppich kehren –
man könnte mal drüber so stolpern...

bis man fällt!

ANHANG

DOPPELBODENLYRIK

(es wird empfohlen manches zweimal zu lesen)

GEWIEFT

Ganz schlau,
entwarf er für seine Klientele,
eine persönliche Tierhöhle:
Eigenbau.

NEBENJOB

Er war österreichischer Landler
und wär' fast vertrottelt,
als jemand der eine Tageszeit ummodelt:
Nachtwandler.

Im Dunkeln und im Hellen,
musste er immer hetzen,
Geräte in der Nähe von Arbeitsplätzen
BEISTELLEN.

CHEFSACHE

Auch wenn es nicht entsprach der Norm,
traf er manche Entscheidung
in Kellneruniform,
als Oberbekleidung.

Um sich drauf zu konzentrieren,
ging er – bis kurz vor zehn –
an einem Rheinzufluss spazieren:
NAHEGEH'N.

Wohin er auch lauschte und guckte,
fand dort statt, mit Eleganz,
die reinste
Vergnügung für Hühnerprodukte,
als Eiertanz.

DAVONGEKOMMEN

Mit der Zeit
wurde es ihm zur Verdammnis,
dies' Mysterium um eine Sitzgelegenheit:
das Bankgeheimnis.

Doch handelte er akkurat,
nachdem er mal im Internet
auf einen Tipp stieß aus dem Kabinett,
als Regierungsrat.

EINKEHRER

Er war Stille-Anbeter
und liebte geräuscharme, alte Schuhe,
denn die gewährten ihm Ruhe,
als LEISETRETER.

Wie außerhalb der Gravitation
hielt er sich sonntags auf, immer,
in dieser Haltestelle im Zimmer:
in der Raumstation.

ERFINDERISCH

Vor jeder Inspektion
nahm er sich vor, seit eh und je,
die seelische Beeinflussung seines PKW:
Autosuggestion.

Und aus einer alten Hebebühne
fertigte er für das Firmenfest,
ein Gerät das ein Geschehen auslöst,
als Passiermaschine.

AUS DER MODEBRANCHE

Es ging auch abstrakter,
doch beschäftigte ihn immens
die Wesensart eines Mannequins:
der Modellcharakter.

Denn man entwarf klug,
für einen Teil der Agentur,
Kleidung für eine Kunstfigur,
als Turnanzug.

WIRRWARR

Man gab ein Signal: jenseits aller Fristen
bräuchten die Arbeiter mehr Knete.
Und das mit dem Blasinstrument
eines deutschen Sozialisten,
der Engelstrompete.

Von der Politur
her glich sie überfein
dem Körperglied einer Märchenfigur:
dem Elfenbein.

Ganz nebenbei
hatte man aber Ärgernisse
wegen einem
verborgen operierenden Läuse-Ei,
als GEHEIMNISSE.

RICHTFEST

Es ging in den Endspurt
und zwar mit viel Freude:
das Zur-Welt-Kommen
von einem Gebäude,
als Hausgeburt.

Durch die gewölbte Arkade
schien auf das Ganze die Sonne
beim Abschiedsgruss an eine Tonne:
Fassade!

RITUAL

Da waren Kenner am Werk:
um die Arbeit zu beginnen,
bestellte man
Erntegräben in den Weinberg,
als Leserinnen.

Für einen guten Start
bot man zumeist
Hochprozentiges aus einer Bodenart:
Erdgeist.

Das kam gut nicht nur den Leibern.
Zum Schluss
machte man auch 'ne Verbeugung
vor dem In-die-Welt-setzen
von Herumtreibern,
als Stromerzeugung.